JE VOYAGE DANS MA TÊTE

Christelle Gambée

Je voyage dans ma tête

Et j'apaise mes émotions

Loi n°49-956 du 16 juillet 1949 sur les publications destinées à la jeunesse, modifiée par la loi n°2011-525 du 17 mai 2011.

© 2023 Christelle Gambée

Édition : BoD – Books on Demand, info@bod.fr
Impression : BoD – Books on Demand, In de Tarpen 42, Norderstedt (Allemagne)

Impression à la demande

Illustration : Christelle Gambée

ISBN : 978-2-3225-0301-8
Dépôt légal: octobre 2023

Sommaire

1.　JE VOYAGE DANS MA TÊTE ET J'APAISE MES ÉMOTIONS　　8

2.　VOYAGE DANS MA TÊTE AVEC L'ÉLÉMENT EAU　　12

3.　VOYAGE DANS MA TÊTE AVEC L'ÉLÉMENT TERRE　　16

4.　VOYAGE DANS MA TÊTE AVEC L'ÉLÉMENT AIR　　21

5.　VOYAGE DANS MA TÊTE AVEC L'ÉLÉMENT FEU　　26

1.

JE VOYAGE DANS MA TÊTE ET J'APAISE MES ÉMOTIONS.

Aujourd'hui, j'ai besoin de courage et je ressens aussi l'envie de me protéger. J'ai grand besoin d'un bouclier invisible et de mes amis qui me donnent de la force.

Je peux les appeler chaque fois que j'ai besoin d'eux. Ils s'appellent TERRE, EAU, AIR Et FEU : ils forment la compagnie des éléments.

Je les aime tous pareil, pourtant, je porte en moi, depuis ma naissance, la force de l'un deux, en plus grande quantité que les autres.

Mes émotions, mes forces et mes faiblesses sont à son image, grâce à mon signe astrologique.

L'ÉLÉMENT EAU

comme le liquide qui est présent à 80 % dans mon corps, recouvre la Terre de ses océans, mers, lacs, rivières et cascades…sa couleur peut être cristalline comme plus colorée. J'aime glisser dans l'eau claire, faire l'étoile et me laisser bercer par les vagues. J'admire son monde aquatique coloré, ses poissons, ses dauphins, ses orques, Il m'apporte la force de la douceur, la fluidité, la détente…

Il m'aide à écouter et prendre soin des autres. Ma famille est très importante pour moi, dans mon coeur, même si je n'exprime pas toujours bien mes sentiments ou mes émotions.

L'ÉLÉMENT TERRE

à l'image de notre planète, nous offre la force et la stabilité de ses belles montagnes, de la roche, des pierres de toutes les couleurs que j'aime tant…

il m'aide à me concentrer, à être plus stable, solide et ancré là ou mes pieds sont. Un peu comme un géant. Il m'apporte la prudence et la confiance, la capacité de m'ouvrir aux autres sans trop d'émotions.

L'ÉLÉMENT AIR

que je respire me fait du bien pour me calmer, me détendre ou m'évader. L'air est chargé de magnifiques nuages lorsque je prend l'avion, ou quand je m'envole en parapente au milieu des oiseaux. Il développe ma créativité, me donne de l'inspiration, de la force, me fais ressentir de la joie. Je me sens légère comme une plume.

L'ÉLÉMENT FEU

réchauffe, j'aime le regarder dans la cheminée, ou encore dans un feu de camps..

Il me fait ressentir l'étincelle et l'enthousiasme dans mon ventre. J'ai souvent besoin de lui pour passer à l'action, il me donne de l'audace, de l'énergie pour aller jusqu'au bout sans abandonner en cours de route.

Ce sont des amis précieux à chaque moment de la journée et de ma vie. Ils m'aident à grandir, à m'écouter et me comprendre.Vivre ensemble n'est pas facile, nous sommes tous si différents. Mais si je vais bien, alors j'ai plus de confiance en moi et en les autres pour trouver ma place.

Maintenant, je choisis de rentrer dans ma tête, une belle porte s'ouvre sur un monde protégé.

Dans ce voyage, je contacte un ami de la compagnie des éléments pour apporter à mon corps, mon coeur et ma tête un moment de paix.

Je sais que mon âme va y trouver de la joie, de l'amour et le calme.

Alors, je peux m'assoir, ou mieux, m'allonger et prendre de grandes respirations. J'inspire longtemps et beaucoup d'air et je souffle longtemps et beaucoup pour vider le stress, la colère ou la tristesse.

J'appelle la compagnie et le premier à se manifester est l'élément Eau. Il me propose de traverser le grand bleu dans mon esprit. Je suis impatiente d'y plonger.

VOYAGE DANS MA TÊTE AVEC L'ÉLÉMENT EAU

Et je commence mon premier voyage intérieur dans l' EAU, avec l'EAU.

Mon corps, plongé dans la lecture, tient le livre des deux mains, pendant que mon esprit se met debout, va sur la pointe des pieds jusqu'à la porte, l'ouvre doucement, et sort en refermant la porte sans bruit derrière lui.

Je marche à l'extérieur sans effort, quand soudain, je décolle et me mets à planer maintenant au dessus de la mer. Je plane comme un nuage. Je me déplace, emportée par le vent. Des rubans de nuage caresse mon visage et je me sens apaisée, confiante. Je regarde l'eau bleue turquoise qui scintille sous le soleil, comme des milliers d'étoiles dansantes à sa surface, alors que je vole comme un oiseau.

Un peu plus loin, une île de sable blanc apparait sur l'eau. Je m'approche d'elle, puis survole des montagnes et des dunes de sable de toutes les couleurs.

Derrière la plage, d'immenses forêts recouvrent le sol d'une couleur vert émeraude.

Un courant de vent chaud m'emporte un peu plus loin au-dessus des eaux turquoises. Là, en dessous de moi, en forme de coeur, la barrière de corail scintille sous l'eau. Avec le vent, je descend et glisse délicatement sous la surface de l'eau chaude pour aller voir de plus près ce corail, si brillant.

Dans l'eau cristalline, un jardin aquatique multicolore m'accueille. Une multitude de poissons colorés semble danser ensemble. Une raie Manta géante déploie ses ailes et semble voler au-dessus de moi.

Je sens à cet instant une présence aimante et pure dans mon dos, je me retourne tout doucement pour découvrir un regard d'une grande douceur sur moi. Un dauphin m'accompagne dans cette détente. Je le regarde attentivement, alors qu'il tourne autour de moi. D'autres dauphins viennent le rejoindre, joyeux et joueurs. Je vis le moment présent avec beaucoup de joie et d'amour dans le coeur. Je nage à mon propre rythme, légère, au milieu d'eux. La vie est un grand jeu finalement, où chacun a sa place, dans le respect de l'espace de chacun.

Un courant chaud m'emporte vers les profondeurs bleues sombres. Je m'engage dans des tunnels, des grottes sous-marines. Dans cet univers de silence, je respire lentement et profondément.

Joyeusement, je remonte dans une vaste caverne. Le chant des dauphins qui s'éloignent me laisse le coeur léger, car je sais que je peux les retrouver chaque fois que j'en ai envie. Le chant des vagues me ramène sur la terre ferme sous mes pieds. Le soleil inonde mon visage et je choisis cet instant pour faire un voeu.

Je me sens apaisée et remplie d'amour. C'est le moment de revenir lentement. Je marche, puis ouvre la porte doucement, referme la porte et reprends le livre entre mes mains. Je me sens heureuse de ce petit voyage. Je décide de poser le livre pour continuer et reprendre ma place auprès de ma famille et mes amies.

VOYAGE DANS MA TÊTE AVEC L'ÉLÉMENT TERRE

Un nouveau moment ou besoin de me plonger dans ma tête me prend. J'ai besoin de me concentrer comme j'ai besoin de me sentir forte pour dépasser mes peurs. Je décide d'appeler mon ami, l'élément Terre. Il me propose une visite en plein coeur de la montagne, pour devenir plus solide.

Et je commence ce deuxième voyage intérieur au centre de la TERRE, avec la TERRE.

Mon corps, plongé dans la lecture, tient le livre des deux mains, pendant que mon esprit se met debout, va sur la pointe des pieds jusqu'à la porte, l'ouvre doucement, et sort en refermant la porte sans bruit derrière lui.

Je marche à l'extérieur sans effort, quand soudain, devant moi se dresse, au loin, la plus incroyable des montagnes.

Elle semble veiller sur nous de toute sa hauteur, de toute sa beauté. Très large, elle semble puissante, invincible. Son pic élevé, pointant vers le ciel, est recouvert de neige, et le bas des pentes est recouvert d'arbres.

La chouette dans son habit d'hiver, disparait dans les paysages enneigés.

Je m'approche d'elle et ressens sa force et sa bonté. Elle m'apprend que la lumière traverse le ciel depuis toujours, le jour laisse place à la nuit, puis la nuit laisse place au jour.

Les couleurs changent au fil des saisons et des changements de temps. Tout se transforme et tout recommence sans cesse.

Je respire avec elle et doucement, je deviens une part d'elle. Je partage sa solidité. Ma tête devient le sommet, mes épaules et mes bras sont les versants ou les côtés de la montagne, mes jambes la base solide.

Je me sens immense à la fois et très solide à l'intérieur de moi, comme le roi ou la reine du monde qui m'entoure. Je regarde les rochers tout autour de moi,

qui changent de couleur avec le soleil qui les illumine. Chacun est de taille différente, comme si le vent, le soleil, la pluie et peut-être l'homme avait essayé de lui donner une forme particulière.

Je vois et j'entends l'aigle royal ou encore le condor des Andes tournoyer tout en haut dans le ciel.

Je vois les bouquetins grimper de leurs petits sabots de chèvres sauvages aux longues cornes. Le renard, avec son museau et ses oreilles pointus, toujours à l'affut de petites choses à manger, parcoure les prairies de la montagne.

Tout en haut, sous l'action du soleil et de la fonte des glaces, des cascades jaillissent bruyamment. Des rivières se forment alors au milieu des sapins. Les rochers et les galets deviennent brillants sous l'eau claire des glaciers. J'imagine le petit monde des végétaux s'animer dans les fleurs, la mousse des pierres, ou encore dans l'eau. Les lucioles, les petites fées, les libellules, les trolls qui habitent les montagnes depuis des générations accompagnent les légendes depuis la naissance de la terre.

Chacun à sa place, aime la force et la résistance de la montagne. Elle semble toujours égale à elle-même, forte et rassurante, peu importe ce qui se passe autour d'elle. Elle accueille tout ce petit monde animal, les arbres et les hommes chaque jour avec calme. Pourtant, chez le volcan, il bouillonne un coeur rouge qui déborde d'énergie et parfois laisse échapper toute cette force, comme de la lave.

Il lui arrive donc aussi de ne pas contrôler sa nature, comme moi mes émotions.

Mais la montagne est bien plus maître d'elle-même. Elle écoute, observe, fait du bien et fait face à toute situation sans jamais s'enfuir.

Ce que je choisis d'être aujourd'hui, parce que c'est ce que j'ai besoin pour grandir. Et comme je me sens plus forte, je fais un voeu et remercie mon ami l'élément terre.

C'est le moment de revenir lentement. Je marche, puis ouvre la porte doucement, referme la porte et reprends le livre entre mes mains. Je me sens bien et plus forte. Je décide de poser le livre pour réussir ce que j'ai à faire aujourd'hui et tous les autres jours.

4.

VOYAGE DANS MA TÊTE AVEC L'ÉLÉMENT AIR

Un nouveau jour se lève, et je ressens déjà l'envie de m'évader ou de m'envoler. J'ai fait sonner mon réveil plus tôt pour mon petit voyage dans ma tête. Il me fait tellement de bien, que j'ai décidé de contacter mon ami l'élément air, avant de me lever pour me donner de la joie et de l'énergie pour ma journée.

Et je commence ce voyage intérieur dans l'AIR, avec l'AIR.

Mon corps, plongé dans la lecture, tient le livre des deux mains, pendant que mon esprit se met debout, va sur la pointe des pieds jusqu'à la porte, l'ouvre doucement, et sort en refermant la porte sans bruit derrière lui.

Je marche à l'extérieur sans effort, tranquille. Devant moi, un aigle doré posé là, me regarde de son oeil clair. Nous nous regardons dans les yeux, avec calme et confiance.

L'esprit de l'aigle me parle, il me propose de prendre de la hauteur pour respirer, pour devenir plus léger, plus joyeux, plus libre.

Je ferme les yeux, j'inspire calmement et profondément, depuis mon ventre que je gonfle comme un ballon, puis ma poitrine qui se soulève et j'expire lentement pour vider toute ma poitrine jusqu'à mon ventre.

A ce moment là, j'imagine et je ressens l'aigle doré depuis ma poitrine, j'entends son coeur battre en moi. Chaque fois que j'inspire longtemps et calmement, mes ailes s'ouvrent grand. Chaque fois que j'expire par la bouche, mes ailes s'abaissent et entourent mon corps de leur douceur.

Je le sens impatient de s'envoler alors je respire une nouvelle fois depuis mon ventre, puis depuis ma poitrine et je m'envole de plus en haut, très haut dans le ciel. Tout est magnifique de là-haut.

Je glisse sur les ailes du vent, je survole les sommets des montagnes enneigées, puis la mer si calme et bleue, des rochers semblent flotter ici-et-là et des milliers d'étoiles scintillent à sa surface, sous l'effet du soleil.

Des chevaux galopent sur une immense plage de sable fin.

Comme eux, je me sens légère, libre et en joie.

Je joue avec les nuages, je survole des arbres qui dansent et chantent sous le vent. Devant moi, un arc-en-ciel dessine un toboggan multicolore à travers les nuages. Je le traverse et devient toute rouge, puis orange, puis jaune, puis vert, bleu, violet et toute blanche.

Je quitte l'arc-en-ciel et vole plus haut que la mer de nuage. Je me retrouve face à la lune qui me sourit. C'est magique ! Je vois le monde si petit qui s'active, en dessous de mes pieds. Je salue les étoiles et plane en descendant.

Soudain, au dessus de ma tête, comme un arc-en-ciel géant entièrement vert, des voiles dansent dans le ciel. Des aurores boréales inondent le ciel et je me retrouve avec de jolies plumes entièrement vertes.

Cela me met en joie et je plane dans les airs avec ces rubans de couleur qui dansent tout autour de moi. Je fais un voeu et tournoie trois fois dans les airs.

La magie de l'élément air m'a transportée tout là-haut. Je ressens qu'il est temps pour moi de redescendre, de me poser.

J'ouvre les yeux, l'aigle doré qui me regardait cligne des yeux, comme pour me faire un clin d'oeil. Il me fait comprendre, que je peux le retrouver chaque fois que j'ai besoin de respirer, de prendre de la hauteur, d'aller chercher de la joie dans mon coeur.

Il me salue, ouvre ses ailes et s'envole, à son tour.

C'est le moment de revenir lentement. Je marche, puis ouvre la porte doucement, referme la porte et reprends le livre entre mes mains.

Je me sens joyeuse de commencer ma journée. Je quitte mon lit et mon livre, la tête toute légère, avec moins de pensées obsédantes ou de questions.

5.

VOYAGE DANS MA TÊTE AVEC L'ÉLÉMENT FEU

Aujourd'hui, est un jour spécial. A la maison, on a préparé un feu de cheminée. J'aime beaucoup entendre crépiter le bois quand il fait très froid dehors. Je m'assoie devant les flammes qui dansent et montent derrière la vitre.

Il y bien longtemps que je n'ai pas appelé ou rendu visite à mon ami l'élément feu. Je cours chercher mon livre de la compagnie des éléments pour m'asseoir devant la cheminée, l'endroit parfait pour partager la force du feu.

Et je commence ce voyage intérieur dans le FEU, avec le FEU.

Je ressens sa chaleur qui me fait du bien, j'aime avoir chaud. Je ferme les yeux pendant que dans ma tête, les flammes rouges, oranges et jaunes dansent et grandissent. Je pose les mains au sol, ouvre les yeux pour admirer les flammes d'un feu de camp, accompagnées d'une fumée blanche épaisse. Le feu éclaire la nuit noire.

Je le fixe, je le regarde danser, trembler, grandir pour laisser s'échapper plein de petites étincelles comme des étoiles scintillantes dans la nuit.

Je ressens dans le ventre toutes ces petites étincelles de plaisir. C'est comme si j'allumais en moi un feu de joie. Je me sens en sécurité à l'intérieur de moi, comme dans la nuit noire qui m'entoure. Il grandit dans mon ventre, monte jusque dans mon coeur joyeux, réchauffe mes bras, jusqu'au bout des doigts, descend dans mes jambes, jusqu'au bout des pieds. Il allume mon imagination.

Mes yeux fixent la fumée, des formes et des visages apparaissent et disparaissent. Des formes rassurantes mais aussi des visages souriants ou encore des animaux légendaires. Le dragon passe et repasse comme par magie. C'est un protecteur, il porte chance à celui ou celle qui le voit.

Comme le dragon blanc de la fumée, ou le dragon rouge du feu, je m'entoure et je m'imagine dans une boule de lumière et d'étincelle de joie qui me protège. Je voyage comme par magie dans le feu, comme une bulle de lumière projetée vers les étoiles. Je traverse la Galaxy, comme une comète, pour passer devant grand-père soleil, et redescendre au milieu des flammes.

Je peux si je le veux, colorer ma flamme pour être plus forte, pour aimer ou pour guérir.

Je deviens une flamme bleue, qui m'apporte un bouclier de protection, la force et le courage, je laisse ce bleu m'entourer d'une belle bulle de feu. Je peux y rester jusqu'à ce que je me se sente bien dans mon ventre, dans mon coeur et dans ma tête.

Je demande à mon esprit de colorer ma flamme en vert pour m'apporter la guérison dans tout mon corps. Je m'entoure aussi d'une bulle de feu vert. Elle est douce et réparatrice et va m'aider à passer à l'action.

Petit à petit le feu vert s'éteint et une flamme rose s'allume dans mon coeur. Elle grandit dans tout mon corps, jusqu'au bout des doigts, jusqu'au bout des orteils, jusqu'au sommet de ma tête. Elle illumine tout mon coeur, le console des chagrins et m'aide à ressentir plus d'amour pour moi et tous ceux que j'aime. Le feu de mon esprit a le pouvoir de bruler les pensées négatives, les émotions négatives, les énergies négatives dans tout mon corps. Je peux y rester autant que je veux, pour lui commander un bouclier, de la force, la guérison et beaucoup d'amour.

Mon petit feu rose d'amour continue tout doucement de me réchauffer, c'est le moment pour moi de faire un voeu et de le répéter trois fois en étant sûre qu'il se réalisera.

C'est le moment de revenir lentement dans mon corps, de ressentir tout mon corps pour déposer mon livre, et reprendre ma jolie vie, auprès de ceux que j'aime.

Je peux revenir chaque fois que j'en ressens le besoin ou l'envie. Je peux aussi le partager avec ma meilleure amie ou ma soeur pour voyager ensemble. Je peux le lire avec ma maman pour connaitre la couleur de son petit feu d'âme. Celui qui se trouve dans son coeur.

Mes amis de la compagnie des éléments vont m'accompagner tout au long de la vie, à chaque moment important facile ou difficile.

Parfois je réussi, parfois je perds, mais surtout j'apprends chaque jour à devenir un peu plus celle qui se trouve dans mon coeur, et dans ma tête, avec confiance et joie.

Je te souhaite de grandir et de toujours garder une place dans ton coeur et ton esprit pour la compagnie des éléments.

Je te remercie d'avoir lu ce livre, de lui avoir ouvert ton coeur et ton esprit pour le vivre et le partager.

Avec amour